CON GRIN SU CONOCIMIENTOS VALEN MAS

- Publicamos su trabajo académico, tesis y tesina

- Su propio eBook y libro - en todos los comercios importantes del mundo

- Cada venta le sale rentable

Ahora suba en www.GRIN.com
y publique gratis

Bibliographic information published by the German National Library:

The German National Library lists this publication in the National Bibliography; detailed bibliographic data are available on the Internet at http://dnb.dnb.de .

Cover art: designed by Freepik.com

Imprint:

Copyright © 2014 GRIN Verlag, Open Publishing GmbH
Print and binding: Books on Demand GmbH, Norderstedt Germany
ISBN: 978-3-668-02278-2

This book at GRIN:

http://www.grin.com/es/e-book/303438/un-analisis-de-blood-in-blood-out-la-con-
struccion-de-identidad-de-miembros

Karina Schmitt

Un análisis de "Blood In Blood Out". La construcción de identidad de miembros de pandillas

GRIN Publishing

GRIN - Your knowledge has value

Since its foundation in 1998, GRIN has specialized in publishing academic texts by students, college teachers and other academics as e-book and printed book. The website www.grin.com is an ideal platform for presenting term papers, final papers, scientific essays, dissertations and specialist books.

Visit us on the internet:

http://www.grin.com/

http://www.facebook.com/grincom

http://www.twitter.com/grin_com

Construcción de la Identidad Personal

Un Analisis de la película "Blood In Blood Out"

Por Karina Schmitt

University of Southern Denmark

Bachelor Project 2014

"Karina Schmitt tiene una vibrante perspectiva externa acerca de la comunidad chicana según mi experiencia. Solo conozco a una persona con similar visión, Taylor Hackford, director de cine norteamericano que plasmó la realidad chicana en Blood In Blood Out, en donde yo fui el protagonista representando a Miklo. Muchos angloparlantes no comprenden el idioma, sus sutilezas y las complejidades de la comunidad chicana es difícil poder compartir o transmitir ese conocimiento al mundo académico o la sociedad en general, para eso habría que haber nacido y crecido dentro del chicanismo como yo lo hice. En Karina Schmitt veo un aprecio, una preocupación, una pasión y un cariño muy especial hacia nuestra comunidad chicana. Ella ama nuestro idioma, nuestra cultura y definitivamente le importa mucho."

Damian Chapa, protagonizó a Miklo en el film *Blood In Blood Out (1993)*

Contenidos

Resumen en danés de los rasgos principal del trabajo

Denne bacheloropgave præsenterer ved hjælp af udvalgte elementer af Berettermodelen brugt i filmanalyser visse interessante aspekter af spillefilmen *Blood In Blood Out* (1993). Jeg analyserer, hvordan man har konstrueret hovedpersonens karakter og personlighed ud fra manuscriptforfatterens egen baggrund. Baca var ligeså inspireret af Joe "Pegleg" Morgan, da han skabte Miklo-personen. Jeg bruger Chicanoernes historie i USA, antropologiske undersøgelser fokuserende udelukkende på Chicano fangere i San Quentin samt antropologiske undersøgelser af gangmentaliteten i East Los Angeles i Californien i USA til at besvare min problemformulering om, hvorfor nogle chicanos vælger ganglivet.

Introducción del tema

En los últimos cincuenta años el crimen relacionado a las pandillas en el sur de California ha convertido a un problema grave para los cuerpos policiales, en particular en el este de Los Ángeles. Las pandillas son responsable por asesinatos infinitos dentro y fuera de las cárceles. Una de las pandillas más violentas es la *Mafia Mexicana* que ha obtenido un nivel del poder como nunca antes. Según muchos recursos verificables está involucrada en el narcotráfico, la extorción, los robos a mano armada, los secuestros, y muchos homicidios anualmente. La violencia extrema es sólo un lado de la Mafia Mexicana. Otro lado del pandillismo es lo que atrae a muchos jóvenes y hombres ofreciendo un sentido de la identidad, la camaradería, la unidad, el compañerismo, el sentido de pertenecer a un grupo, la amistad y la lealtad. De una manera se puede decir que la *Mafia Mexicana* funciona como una sustitución materna. En conclusión, las pandillas, para muchos jóvenes, satisfice las necesidades básicas para un individuo que carece de familia propia hace falta. Por eso para entender por qué un joven opta por las pandillas no solo se tiene que entender las necesidades básicas psicológicas de un individuo sino que también se tiene que entender las construcciones sociales y familiares y la filosofía de las pandillas. Por desgracia *Blood In Blood Out* (1993) por Taylor Hackford y Jimmy Santiago Baca no recibió la atención que merece, en mi criterio. *American Me* (1992) por Edward James Olmos y *Blood In Blood Out* son en cierta forma rivales. Ambas películas se basaron en la formación de la *Mafia Mexicana* y ambas películas tenían elementos de la hermandad y de las actividades criminales, pero hay diferencias todavía. Al contrario a

American Me, Blood In Blood Out, bajo la superficie, trata no solo de la formación de la mafia y sus actividades criminales sino también de la construcción de identidad de los tres primos, es decir los tres protagonistas, y particularmente del protagonista principal. Gran parte de la identidad en este caso está determinado por el papel del machismo. Otra parte de la identidad es la historia de los chicanos y de las relaciones complicadas de las familias chicanas. El objetivo de la película para el guionista Jimmy Santiago Baca era relatar la verdadera historia de la vida de muchos chicanos. Jimmy Santiago Baca, a través de *Blood In Blood Out* y en particular a través del protagonista principal, al contrario de muchas películas, describe los elementos antropológicos e históricos de la gente mexicana en EEUU. Por eso creo que su obra merecía más apreciación que su rival. El largometraje funciona como material empírico con el que voy a contextualizar con el material empírico de Theodor Davidson y las teorías sobre las pandillas por James Diego Vigil. Además voy a contextualizar con el material empírico secundario en la forma de entrevistas con personajes como el guionista Jimmy Santiago Baca.

Formulación del problema

En este trabajo usando mis materiales empíricos y las teorías de las pandillas chicanas investigaré ¿cómo se construye (es decir cómo lo hace Jimmy Santiago Baca) la identidad de las pandillas, el papel del machismo para un hombre chicano y por qué algunos están atraídos por este estilo de vida?

El método y el procedimiento

Usaré diferentes elementos de varios modelos del análisis cinematográfico en combinación con las teorías y el material empírico para contestar a mi formulación del problema. Aunque estoy analizando una película, pienso que hay muchos elementos del modelo de análisis cinematográfico que no son útiles para obtener repuestas directas a la formulación del problema. Por ejemplo, los elementos técnicos cinematográficos Analizaré los elementos como el lugar, los protagonistas y el ambiente. La película funciona como material empírico paralelamente al material empírico de Theodore Davidson y mis entrevistas. Empiezo con una introducción a la investigación de los presos *chicanos* en la cárcel de *San Quentin* hecho

6

por Theodore Davidson. Discutiré la teoría de James Diego Vigil sobre los jóvenes de los barrios en el este de Los Ángeles y usaré elementos relevantes de mis entrevistas para contestar a mi formulación del problema.

Presentación del primero material empírico y teorías

(material A)

Blood In Blood Out

Precisamente, la película me sirve como material empírico porque en este material hay muchos ejemplos en que se discute indirectamente la construcción de la identidad y hay ejemplos del machismo, especialmente del protagonista, Miklo. Durante el largometraje, su personaje se desarrolla como un joven proveniente de una familia disfuncional y un criminal cínico. Su rol es un estereotipo para mucha gente del Este de Los Ángeles por eso mucha gente de esta parte del país puede identificarse con Miklo. No solo es una película de género dramático, sino que se la considera una película de culto y para alguna genta una película cultural.

Theodore Davidson

Para entender el comportamiento de los presos chicanos y el por qué algunos jóvenes optan por las pandillas, primero se tiene que entender no solo la historia de los chicanos, la construcción de identidad de los chicanos sino también el papel del machismo en un hombre latino de estrato bajo y no académico. La película muestra esas manifestaciones profundas de la cultura de la pandilla, pero las investigaciones hechas por el antropólogo americano, Theodore Davidson tienen también gran relevancia

Las investigaciones de Theodore Davidson hechas en la Cárcel de San Quintín durante el periodo de Junio de 1966 hasta Febrero de 1968[1] enfocan sobre la misma pandilla aunque el período de la película comienza en 1972. Su relevancia es una interpretación del comportamiento de los presos chicanos, en particular y el papel del machismo. Davidson obtuvo su bachillerado de la Universidad de California, Berkeley en Ingles en 1961. Empezó

---

[1] Davidson; 1974:1

sus estudios de la antropología después de dos años en San Francisco State College y comenzó su doctorado también en la Universidad de California, Berkeley[2] al mismo tiempo que se le ofreció hacer una investigación en la cárcel de San Quintín sobre los factores subculturales de los presos chicanos. El objetivo de los oficiales era plasmar los factores subculturales responsable por la violencia de los presos chicanos. También se quería saber por qué esos presos rechazaban las actividades de rehabilitación[3]. Lo que era lo más original de ese tipo de investigación es el método usado por Davidson; nunca antes y nunca después ha sido posible obtener acceso a los presos chicanos de la misma manera en que lo obtuvo Davidson. Observaba a los presos chicanos, y exclusivamente este tipo de presos, durante un periodo de veinte meses en que actuó como un observador participante en esa subcultura[4]. Obtuvo acceso completo a todos los lugares en San Quintín menos el Pasillo de la Muerte, o Death Row. Es extremamente raro que un antropólogo o un observador obtengan la aceptación de los presos y sea capaz de establecer los vínculos de confianza para obtener la información necesaria para completar una investigación de esta categoría. El objetivo de Davidson y su enfoque eran específicamente los problemas más importantes de los presos.

Sus investigaciones oficialmente duraron veinte meses pero continuaron después en Febrero de 1968 cuando fue expulsado por la administración de San Quintín. En su trabajo Davidson discute entre otras cosas el papel del machismo de los presos chicanos, que tiene importancia en cuanto al entendimiento de esa subcultura. Examinaré específicamente esos temas que siguen, pues debemos descubrir la motivación no solo de Miklo Velka, el protagonista de *Blood In Blood Out*, sino la motivación de casi todos los miembros de las pandillas mexicanas para adoptar ese estilo de vida. El machismo funciona como un tipo del escudo protector a este estilo de vida y la organización de la pandilla. Es justamente uno de los más importantes elementos necesario para entender bien la motivación de las pandillas.

James Diego Vigil

Vigil es profesor de antropología a la Universidad de California Sur y ha estudiado a los jóvenes chicanos específicamente en los barrios del Este de Los Ángeles. A través de sus investigaciones ha analizado los antecedentes, la historia, las actividades criminales y

---

[2] Davidson; 1974:v

[3] Davidson; 1974:vi

[4] Davidson; 1974:vi

8

violentas de las pandillas. Ha identificado los factores que explican la construcción de las pandillas y la marginación de ese grupo social contra los demás de la cultura dominante en EEUU. Ha identificado también los problemas que una persona tiene debido a la pobreza o el estrés de una familia, la presión social, y las dificultades para establecer su identidad de un joven chicano. Por eso el trabajo de Vigil tiene gran importancia y relevancia en este trabajo para obtener un entendimiento profundo de los jóvenes chicanos de esta zona de los EEUU.

Presentación del secundario material empírico y teorías

(material B)

Jimmy Santiago Baca

Para obtener un conocimiento profundo de las ideas detrás de la creación de Miklo Velka, mi entrevista, o sea conversación, con Jimmy Santiago Baca es muy importante, porque Baca construyó *Blood In Blood Out* y Miklo basándose en sus propias experiencias de su vida en la cárcel y afuera. Baca creció en una familia con muchos problemas comunes para muchas familias chicanas experimentando una vida bastante dura desde una edad temprana más o menos comenzando cuando tenía solo cinco años y estuvo por la primera vez en la cárcel[5]. La razón era porque su padre fue arrestado por conducir ebrio, una experiencia traumática para un niño tan joven.

Aunque *A Place To Stand* no está directamente relacionado a *Blood In Blood Out* sostengo que hay muchos paralelos entre la vida de Baca y lo que relata *Blood In Blood Out* en cuanto a formación de un niño/un joven, los problemas que experimenta un individuo, es decir los paralelos entre Baca mismo y Miklo, no solo se basa en su infancia sino también en cuanto a la deslealtad de las autoridades, la familia disfuncional, la violencia experimentada en la cárcel y las dificultades para encontrarse a sí mismo durante su adolescencia y adultez temprana. Los contrastes, se puede decir, entre Jimmy Santiago Baca y Miklo son, entre otros, que Miklo opta por una vida de crimen organizado y nunca madura de esta vida al contrario de Baca que se puede decir es un autodidacta quien aprendió a leer y a escribir en la cárcel y buscó una vida mejor a través de la poesía y la literatura. Entonces, *Blood In Blood*

---

[5] Baca, Jimmy Santiago. *A Place To Stand*. 2001:prolog.

Out no es un cuanto puramente ficcional es un cuento ficcional basado en lo real y esto es lo que se tiene que entender para obtener un entendimiento profundo de esta película. Entonces, mi entrevista conversacional con Jimmy Santiago Baca era importantísima para contestar adecuadamente a mi formulación del problema. Me gustaría dar las gracias especiales a Jimmy por haberme ayudado con mi trabajo.

Damián Chapa y Joe "Pegleg" Morgan

Para obtener un conocimiento profundo de los pensamientos detrás de la creación de Miklo Velka, debemos considerar las expresiones de Damián Chapa, protagonista de la película. También tenemos que discutir un poco Joe "Pegleg" Morgan para entender cómo se construyó a Miklo.

Se construyó el papel de Miklo como una combinación de la verdadera vida de Damián Chapa y de Joe "Pegleg" Morgan. Por eso un conocimiento de las vidas de estos dos hombres es importante para entender la personalidad de Miklo y para entender la construcción de Miklo. Por eso discuto varios elementos de las vidas de Chapa y Morgan.

Durante mis investigaciones entrevisté a Damián Chapa[6] (1963-) en septiembre de 2014 sobre su vida, el papel del machismo para un latino y su papel en *Blood In Blood Out*. Chapa es de una familia de inmigrantes que llegó a EEUU desde México para mejorar su calidad de vida. Su propia familia ha experimentado las dificultades típicas de muchos inmigrantes mexicanos como el estrés de sobrevivir en medio de la cultura americana y la marginalidad de los inmigrantes mexicanos. En mi entrevista con Chapa, él subrayó la importancia de la familia, el papel del hombre en cuanto a la familia y el machismo de un individuo mexicano. Se construyó Miklo basado en la biografía de la familia de Chapa, las relaciones de algunos miembros de su familia con el estilo de vida criminal y sus antecedentes étnicos. Por eso hablar de Chapa para entender la construcción de Miklo tiene relevancia para mi trabajo.

Un conocimiento de la vida de Joe "Pegleg" Morgan (1929-1993) tiene importancia también para entender Miklo porque, como dice Damián Chapa en mí entrevista con él, varios elementos de la construcción de Miklo están basados en la vida y la personalidad de Joe Morgan. Para construir Miklo se usaron elementos como la pierna protésico de Morgan, la

---

[6] http://en.wikipedia.org/wiki/Damian_Chapa y resumen de la primera entrevista con él (ver anexo 15.4)

manera en que Morgan obtuvo afiliación de *La eMe*, sus antecedentes étnicos, la manera en que Morgan condujo sus negociaciones criminales y su posición de poder de *La eMe*. En un artículo de LA Times en 1993, después de la muerte de Joe Morgan, se habla con Ramón Mendoza (1947-), ex-miembro de *La eMe*, que describe a Morgan como una persona que por un lado era muy humano y paternal pero por otro lado era un asesino cínico e indiferente, manipulador, inteligente, astuto, carismático, cruel, de sangre fría y de mentalidad mafiosa, profundamente relacionado con el lema de *Sangre por Sangre*. Por eso, explicó Chapa, se usaron estas caracterizas para construir a Miklo, algo que se puede ver a través de la película y no solo en pocas escenas. La escena más explícita, sin embargo, es cuando Miklo planificó el asesinato de Montana algo que Chapa describe como *maldad pura*[7].

Seiji

La entrevista de este hombre tiene relevancia para explicar las dificultades relacionadas al machismo en cuanto a la crianza de un hombre, desde la adolescencia hasta ser adulto. Esta entrevista discute las ventajas y desventajas y las consecuencias del machismo de un hombre. Explica también que, en cuanto a la construcción de la identidad de una persona y el elemento del machismo, no solo es un problema para los presos chicanos y los miembros de una pandilla sino también por todos los latinos, porque es un elemento muy profundo de su crianza y algo que está enraizado permanentemente, sin distinción, para todos.

Presentación del análisis

Para entender el comportamiento de los presos chicanos y porque algunos jóvenes optan por las pandillas, primero se tiene que entender no solo la historia de los chicanos, la construcción de identidad de los chicanos, sino también el papel del machismo de un hombre latino. La película muestra esas manifestaciones profundas de la cultura de la pandilla pero las investigaciones hechas por el antropólogo americano, Theodore Davidson tienen también gran relevancia.

---

[7] Entrevista a través de correo electrónico con Damián Chapa discutiendo la personalidad de Miklo.

Primero vamos a comenzar con la trama de la película para entender lo que pasa durante la película provocado por una comprensión desde el machismo. La película *Blood In Blood Out,* o sea *Sangre por Sangre* el título hispanoamericano, es un drama criminal americano de 1993 escrito por Jimmy Santiago Baca, dirigido por Taylor Hackford y distribuido por Buenas Vista Pictures. Los protagonistas más conocidos son los actores famosos Damián Chapa (Miklo), Benjamin Bratt (Paco), y Jesse Borrego (Cruz). Los actores secundarios famosos son Billy Bob Thornton (Lightning), Víctor Rivers (Magic Mike) y Delroy Lindo (Bonafide). Todos estos actores tienen largas carreras en la industria cinematográfica americana. El papel de Miklo merece un enfoque especial porque el personaje de Miklo es creado específicamente basándose en el personaje del verdadero co-fundador llamado Joe "Pegleg" Morgan (1929-93) en conjunto con algunos elementos de la personalidad y el antecedente de Damián Chapa y sobre todo de Jimmy Santiago Baca mismo[8] como queda mencionado arriba.

La trama de Blood In Blood Out

Estamos en el este de Los Ángeles en los años de 1972 hasta 1982 en que encontramos a los tres primos Miklo, Paco y Cruz. Miklo es el patito feo de su familia porque es de raíces mixtas pues su madre es mexicana y su padre americano. Su deseo profundo a buscar su identidad y obtener acepto social parece por desgracia a través de la aceptación por la pandilla *Los Vatos Locos.* Le acepta por causa de su heroísmo que muestra en una manera macho cuando ataque a *Tres Puntos,* su rival, provocándolo a luchar con *Los Vatos Locos.* Debido el ataque de Miklo a su rival *Tres Puntos* les se venga a Cruz. Los daños físicos que sufre Cruz son grave. *Los Vatos Locos* planifica un contraataque en que Miklo últimamente mata al lidere llamado Spider. Aunque en una manera Paco esta colaborado del asesino de Spider los caminos de los dos primos separan aquí después del detenido de Miklo y Paco por la policía. Principalmente Cruz y Miklo se separan también porque Cruz está en el hospital por mucho tiempo debido los daños y Miklo está en la cárcel. En este punto de la película tenemos el primero punto de no regresar y el primero punto de hacer selecciones de vida. Paco opta por la militar en lugar de ir a la cárcel pero Miklo opta por la cárcel porque su odio hacia las autoridades anglas es muy alto y porque él mató a Spider. Para Miklo el machismo

---

[8] Primero entrevista con Damián Chapa por teléfono el 15 de septiembre de 2014.

12

juega un papel en la decisión a aceptar la pena de cárcel sin gazmiarse. Entonces Miklo va a San Quentin.

A San Quentin Miklo aprende muy rápido como se puede sobrevivir en la cárcel. Realiza rápidamente como se sobrevive la brutalidad y violencia extrema. Esto es la razón de que lucha fuertemente para obtener afiliación con *La Onda*, es decir la mafia mexicana en la cárcel. Se puede obtener esta afiliación solamente si se pueda probar ser chicano, su machismo, su heroísmo, su honor y su lealtad. La lucha para sobrevivir en San Quentin es constante y para Miklo es más fuerte debido su raíz mixta. Trata de posicionarse en la manera mejor posible para prepararse la aceptación de *La Onda*. Miklo, sin embargo, es una estratega pues su habilidad posicionarse es como jugar ajedrez realizando, sin embargo, que un error puede ser fatal.

Aunque Cruz, Paco y Miklo físicamente han ando caminos separados a veces sus caminos cruzan todavía por varias razones. Sus desarrollos personales son de tres diferentes tipos; para Cruz la adicción de heroína destruye más o menos su vida artística por mucho tiempo. Para Paco la vida mejor y su destino es una vida luchando el narcotráfico. Para Miklo la vida dedicada a *La Onda* es su destino. Para Miklo su verdadera familia es la pandilla en que busca la verdadera hermandad. Para él lo que tiene importancia es posicionarse mejor posible para obtener una posición como lidera de *La Onda* a pesar de las consecuencias de esto.

Machismo

El machismo es un tema central y reaparece desde el comienzo hasta el fin de la película. Esta característica predomina en todos los personajes a varios niveles de severidad pero para los que están involucrados en las pandillas, el machismo es muy relevante. El machismo a menudo funciona como un mecanismo de defensa. Se lo usa para posicionarse mejor como se puede ver en el caso de Miklo. Miklo es un joven muy macho que utiliza su machismo y su carisma para posicionarse y ser aceptado en La Onda, cuando acepta el desafío de Montana a matar a *Big* Al (55:00–57:35). Según las reglas de la mafia un solicitante tiene que tener la habilidad de matar por un *carnal*[9]. Está relacionado a su lema 'sangre por sangre' significando que para unirse se tiene que estar listo para matar por un *carnal* de lo contrario

---

[9] Anexo C

13

el solicitante no tiene las cualidades necesarias para pertenecer a La Onda. En realidad esta mentalidad está muy enraizada, refiriéndose a las reglas de *La eMe* según Rene Enríquez[10]. Según las investigaciones hechas por Theodore Davidson, el machismo es una conducta distintiva de muchos chicanos[11]. Es un fenómeno hispano y latinoamericano que trata del comportamiento de los hombres latinos en situaciones económicas, sociales, políticas y sexuales fundamentalmente en las clases bajas, no académicas. Ser macho significa ser dominante, valiente, viril, fuerte físicamente y mentalmente, tener gran inteligencia y poder[12]. Fundamentalmente en las clases bajas, no académicas se niega la feminidad como algo inferior y pasivo. Se rechaza lo débil y sumiso[13] por eso se rechaza fuertemente –obviamente– la homosexualidad como se puede ver en varias escenas cuando Miklo llega a San Quintín y encuentra a La Onda, la mafia mexicana. El comportamiento del personaje de Miklo muestra esas cualidades y esas características del ser macho en la manera en que Miklo se posiciona a otros hombres y en la manera en que siempre se impone en relación a otros hombres. El rechazo de la homosexualidad no es solamente un comportamiento de Miklo sino es algo que la verdadera Mafia Mexicana enfatiza en situaciones sexuales muy fuertemente según Davidson (Davidson. 1974:83) porque se lo considera un comportamiento débil. Además una de las reglas de *La eMe* es que un miembro no puede ser homosexual (Blatchford. 2008:64). La homosexualidad es de hecho la antítesis del machismo[14].

El machismo no es un fenómeno fácil de definir, algo que he experimentado hablando con varios hombres sobre este fenómeno. A veces se puede ver la tardanza de un hombre para contestar a algunas preguntas, sobre algunos temas por ejemplo el de la homosexualidad. Para mucha gente la homosexualidad es tabú y se considera a la homosexualidad como algo muy mala". Durante mi conversación con Davidson me dijo lo mismo[15] diciéndome con tardanza *"It's just one of those questions you don't ask and especially not as a woman[16]."*

---

[10] Anexo C

[11] Davidson; 1974:65

[12] http://es.wikipedia.org/wiki/Machismo tomado el 15 de octubre de 2014.

[13] http://en.wikipedia.org/wiki/Machismo

[14] Davidson. 1974:77

[15] Entrevista por telefono en abril de 2014 con Theodore Davidson.

[16] "Es una de esas cosas que las mujeres no deberían preguntar" [mi traducción]

El machismo se manifiesta en el comportamiento verdadero de un latino. Según Davidson, para los presos chicanos el machismo no es un fenómeno del pasado sino es parte de su verdadera personalidad e identidad[17]. Un preso le explicó de los chicanos y su masculinidad:

"He must always be a man. The price to pay is never too high. This idea has been indelibly impressed in his mind all of his life. This cultural attitude is so strong in him that he is inscrutable to those who stereotype him simply because it is easier to do so than to understand him."[18]

Para muchos muchachos el machismo es una realidad desde los diez años de edad luchando con sus amigos para posicionarse como el mejor y obtener el respecto de sus amigos. Damián Chapa en mi entrevista con él explicó[19] que básicamente no ser macho y no comportarse en una manera de macho es básicamente la castración de un hombre latino y esto es algo muy serio. Me dio un ejemplo de un hombre hablando con otro hombre cuando de repente el primero hace un comentario degradante sobre la sobrina del segundo hombre. Chapa me explicó que si el tío no defiende a su sobrina en una manera agresiva (verbalmente y/o físicamente) él está emasculado no solo para si mismo sino también a los ojos de su familia, la sobrina y todos sus amigos etc. Entonces, es importantísimo que un latino se posicione siempre, sin excepciones, como *macho*.

Para entender por qué Miklo opta, y sin quejarse, por la cárcel debemos entender primero la actitud hacia la ley americana de los chicanos, en general, y también en relación al abuso de las drogas aunque no me parece que Miklo tenga problemas con las drogas. Sin embargo, Davidson explica por qué los chicanos con frecuencia experimentan conflictos con la cultura de los EEUU. Dice que *"Machismo is associated with [...] the use of drugs and the lack of qualifications to earn a decent living."*[20] Añade que el abuso de las drogas con frecuencia comienza a una edad muy temprana y que el uso de la marihuana es en general aceptable para la mayoría de los chicanos. Explica que para los chicanos el uso de la marihuana es igual que

---

[17] Davidson; 1974:66

[18] Davidson; 1974:66 "El tiene que ser siempre un hombre. El precio nunca es alto para pagar. Esta idea ha sido marcada en su frente de por vida. Estas actitudes culturales son tan fuertes en si. Esta actitud cultural es tan fuerte en él que es inescrutable para los estereotipos, simplemente porque es más fácil de hacerlo que a él entienderlo " [mi traducción]

[19] Primero entrevista el 15 de septiembre de 2014.

[20] Davidson; 1974:66 (El machismo es asociado con [...] el use de las drogas y la falta de las calificaciones para ganarse una vida." [mi traducción]

el uso de los cigarrillos para muchos jóvenes anglosajones de ese período (1970s). Además, el uso de las drogas es algo *macho* también. Aunque el abuso de las drogas es aceptable (durante este período) al mismo tiempo es la razón por la que muchos chicanos eventualmente están en la cárcel.

En muchos casos los chicanos experimentan condiciones de vida muy difíciles en cuanto a obtener un trabajo y ganar suficientemente para sostener a su familia porque muchos hombres, como los de Miklo, no han obtenido las calificaciones necesarias para obtener un buen trabajo. Mantenerse económicamente bien a si mismos y a su familia, está relacionado a lo macho no solo en la cárcel sino también en cualquier caso para un latino.

Toda su vida Miklo ha luchado por la aceptación de sus padres, su familia y sus amigos. Lucha siempre para ser considerado macho y chicano y por eso ser parte de *Los Vatos Locos* y por último de La Onda tiene gran importancia para él. Para él, y para mucha gente, estar en una pandilla y especialmente la de la mafia mexicana está considerado un alto nivel de virilidad. Davidson explica que "The behavior of *Family* (es decir la Mafia Mexicana[21]) members probably comes closer to the ideals of *machismo* than the behavior of any other group of Chicanos – in prison or on the streets."[22] Añade que muchos chicanos "would like to become even more *macho* by joining Family". Esa observación asiste a mi sostenimiento que para Miklo su identidad <u>es</u> la mafia porque es simplemente todo lo que tiene, es su vida y su pasión.

La historia de los chicanos

A través de más de ochos décadas la seguridad de barrios específicos en las ciudades más grandes de EEUU han sufrido por la presencia del crimen organizado, por las pandillas no solamente en Los Ángeles sino también en Chicago, Nueva York, Miami, Detroit y Filadelfia. Aunque la mafia, y no solo la de los chicanos sino también de otros grupos étnicos, tiene una historia extensiva, en las últimas cuatro décadas, en Los Ángeles, el problema del crimen organizado ha aumentado, particularmente el crimen organizado por la

---

[21] La nota mía (Karina Schmitt)

[22] Davidson. 1974:74 "El comportamiento de los miembros de *Family* (es decir la Mafia Mexicana) probablemente es muy cerca de los ideales del *machismo* que el comportamiento de cualquier otro grupo de chicanos – en la cárcel o en la calle." [mi traducción]

mafia mexicana. En 1987 Ira Reiner, la fiscal de distrito judicial de Los Ángeles, dijo que Los Ángeles era el centro de las pandillas, la ciudad sufría por la violencia extrema de las pandillas[23].

El desconocimiento del público en general, de los EEUU, sobre los efectos de la pobreza extrema en los chicanos, en esta zona del país, podría explicar por qué no han sido exitosos los esfuerzos combatir las pandillas, pues el problema sigue y se agrava. Vigil hace referencia a un oficial de Los Ángeles de quien se puede decir que exhibe un nivel de ignorancia tan alto, se hace explícito cuanto el oficial dijo *"We don't want to understand the problem, we just want to stop it"*[24]. Obviamente ese oficial no entendió la causa del problema y que de hecho esta actitud es lo que posiciona a los chicanos como una subcultura gravemente marginalizada. Según Vigil la sociedad anglosajona desde el comienzo de la inmigración de los mexicanos a los EEUU los ha posicionado en los estratos bajos debido a las condiciones de vida que se les ha ofrecido. El proceso de la adaptación de los inmigrantes ha sido bastante difícil, algo que no solo las investigaciones de Vigil descubrieron sino algo que el actor que representó al protagonista, Damián Chapa, lo comprobó. Para muchos inmigrantes no solo en el pasado sino también hoy en día es agotadora la lucha por recursos económicos y el lograr un equilibrio que permita cuidar y ver crecer a sus hijos[25]. El estilo de vida, muchas veces requiere de largos horarios de trabajo o un doble empleo, y a veces esto puede resultar en desatención al hogar, lo que puede ser terreno fértil para divorcios y la supervisión insuficiente de los niños que a la vez abre camino a exponer a los jóvenes a las pandillas como en el caso de Miklo.

Construcción de la Identidad Chicana

Para entender lo que motiva a una persona a unirse a las pandillas, el trabajo extensivo de James Diego Vigil es importantísimo. Nos introduce a los antecedentes de los chicanos en Los Ángeles ofreciendo una explicación del comportamiento y de la mentalidad de los chicanos, los de antecedentes criminales pero también los que no tiene antecedentes penales.

---

[23] Vigil. 1988:ix

[24] Vigil. 1988:2 "No queremos entender el problema, queremos solamente que lo pararse." [mi traducción]

[25] Vigil. 1988:36

Vigil ha examinado por qué los chicanos están marginalizados y ha examinado los factores subyacentes que contribuyen a la formación de las pandillas. Concretamente los factores que están contribuyendo a la formación de las pandillas son los de la segregación de los chicanos contra otras razas en los barrios de extrema pobreza, un nivel educativo bajo para la mayoría de los chicanos con una alta tasa de abandono escolar, sobre todo la secundaria, la discriminación, falta de supervisión de los padres, y una desconfianza hacia la policía que es muy común en los chicanos. Estos factores se pueden ver también en Miklo y por eso, para explicar el comportamiento, la mentalidad y por qué Miklo opta por la mafia, utilizaré las investigaciones de Vigil. Además, para entender a Miklo y otros miembros de las pandillas tenemos que entender las relaciones íntimas de los sujetos. No estoy hablando de las relaciones sexuales entre varios sujetos sino las relaciones emocionales y la manera en que se sostienen uno al otro. Se puede concluir que su familia disfuncional es un gran parte la razón de que se sienta atraído por el estilo de vida de las pandillas. Miklo expresa en la cárcel que La Onda es su vida y es su familia. Ha perdido a su familia biológica y está listo para morir por sus *"carnales"* (2:18-2:19:10). Entonces la falta de integración social en la familia biológica de un joven puede causar la necesidad de la socialización en la calle.

Según dos otros factores de la necesidad de un joven para la socialización en las pandillas son los del sistema educativo y el de las autoridades oficiales. Vigil dice que el rol de las autoridades ha tenido un papel fundamental para los jóvenes. Por ejemplo el fracaso del sistema educativo ha resultado en una tasa alta de abandono por parte de las minorías.[26] Por otro lado, la desconfianza en las autoridades ha causado un antagonismo contra la policía. La policía debe funcionar como una instancia de protección al público pero para la mayoría de los jóvenes en los barrios, la policía persigue injustamente a los chicanos. Esa fricción entre los jóvenes chicanos y las autoridades causa una brecha entre ellos, algo muy contraproducente. En la escena de (12:25-14:23) se ve a los tres primos hablando al lado del carro cuando la policía aparece. La reacción de Cruz no es una reacción que indique que la policía está de su lado. Por lo contrario su expresión "La jura!" indica una actitud negativa y defensiva. Cruz se posiciona muy sumisa y humildemente ante la policía, aparte de ser débil si se lo percibe desde el punto de vista del machismo. Concluyo que esta escena hace referencia a la realidad porque Vigil hace referencia a la Comisión de los Derechos Civiles de

---

[26] Vigil. 1988:37

18

los EEUU de 1970 cuando, según uno de sus recursos, dice que un individuo puede atraer la atención hacia si mismo simplemente por su propia presencia en el barrio[27].

Choloización

Es la mentalidad de la calle en los barrios chicanos de Los Ángeles. Los jóvenes usan, para manifestarse lo que Vigil ha llamado "the cholo front" para hacer frente al estrés de la calle[28]. La choloización es en, gran parte la identidad de un chicano en esta parte del mundo. Ser choloizado significa la manera en que una persona se comporta, la ropa que lleva, los rituales de la calle, la lingüística, los símbolos en cuanto a los tatuajes y el *graffiti*, la comunicación verbal y no verbal entre los sujetos y los gestos. Estos factores forman la identidad de los chicanos y particularmente la identidad de las pandillas.

La choloización es una subcultura desarrollada entre los jóvenes de los barrios[29]. Está basada en los antagonismos raciales y sociales que son muy profundos para los México-americanos. Se trata de la marginalización de ese grupo social y está basado en el comportamiento en cuanto a la familia, las autoridades incluso la escuela, y el comportamiento en la calle. La choloización de una persona funciona fundamentalmente como una sustitución de un vacío o una carencia del joven como se puede ver en Miklo. Su motivación de ser miembro de *Los Vatos Locos* está basada en una necesidad por ser aceptado, respetado y sentirse querido. El estilo de cholo es un estilo de vestirse originado del estilo de pachuco de El Paso en Texas pero originalmente es del Pachuco en México. En este estilo de vestirse se lleva pantalones anchos, abrigos de hombreras amplias, zapatos de suela gruesa, sombrero de ala ancha y una larga cadena colgando de la cintura[30]. Se puede ver el estilo cholo en la manera en que Paco y Cruz en particular se vestían a través de la primera parte de la película hasta la escena en que Paco y Miklo son detenidos por la policía. Miklo también intenta vestirse en ese estilo pero lo más distinto es la escena en que Cruz recibe su beca (16:55-18:30). Según las investigaciones de Vigil la policía y la media han percibido el estilo cholo como una indicación de

---

[27] Vigil. 1988:37 haciendo referencia a Morales 1972)

[28] Vigil. 1988:xiiv

[29] Vigil. 1988:35

[30] Vigil. 1988:40

comportamiento criminal pues es algo negativo. Sin embargo el estilo cholo es en gran parte la construcción de la identidad del chicano en los barrios.

El título

El título revela el lema de la mafia mexicana descrito en la película que está relacionado a la verdadera mafia mexicana. Según el material empírico Theodore Davidson y Rene Enríquez explican varias reglas de la mafia mexicana y la manera en que uno debe comportarse. El título hace referencia a las reglas de la Mafia Mexicana, según Rene Enríquez, en las que la membrecía es de por vida (Blatchford. 2008:64). A pesar de lo que indica Rene Enríquez Davidson dice que en sus investigaciones de los presos chicanos en San Quintín la mafia, o sea *La Familia*, acepta si un miembro quiere retirarse de la Mafia, pero el miembro nunca podrá a testificar contra *La Familia*. Según Davidson, *"such an act would be certain "suicide""* (Davidson. 1974:87). En otras palabras se puede concluir que el lema *Blood In Blood Out* pues tienen un significado profundo .

El lugar

El lugar es el barrio de El Pico Aliso en California en Los Ángeles y en la cárcel de San Quintín. Está filmado en los lugares de punta a cabo de hablantes de español en Los Ángeles y en San Quintín entonces la audiencia obtiene un sentido a la autenticidad del ambiente y de la historia. Para obtener un entendimiento profundo de los comportamientos de varios personajes de la película el lugar tiene gran importancia pues no es un lugar universal sino que está relacionado directamente a la historia verdadera de la Mafia Mexicana y de los chicanos en el sur de California. Los elementos socioeconómicos del lugar afectan al ambiente y a los riesgos de un joven por convertirse en miembro de una pandilla, aunque no necesariamente sea miembro de la mafia. La historia del área es importantísima para entender profundamente la cultura chicana y a veces también el enfrentamiento de la cultura chicana con la cultura anglosajona. Para mucha gente una alienación cultural total de lo anglosajona equivale a abandonar y negar a su propia cultura y su herencia mexicana. Para muchos chicanos de esta parte del país es un balance muy sensible y delicado.

Por más de cien años los México-americanos han sido sujetos a la discriminación por la gente de origen caucásico que los ha usado como una manera de obtener mano de obra barata[31]. Como muchos inmigrantes en EEUU, las dificultades para buscar trabajo, vivienda y los conflictos debido a la pobreza experimentada por los inmigrantes y el nivel en general de su educación han causado muchos sufrimientos para los chicanos. Sus dificultades en asimilar la cultura americana tienen relación con los valores de la cultura mexicana y sus creencias que son a menudo contrarias a lo anglosajona[32]. Vigil explica que en el Este de Los Ángeles la comunidad México-americana estaba controlada por lo que la cultura anglo les ofrecía. Controlaban no solo el lugar en que los mexicanos podían vivir y el tipo de trabajo sino también la posibilidad para obtener ciudadanía. La explotación y la discriminación era un problema no solo para los mexicanos llegados a los EEUU hace cien años sino también para las generaciones siguientes. Pues debido a la frustración, la estresa y la pobreza de la gente mexicana específicamente de este lugar en los EEUU a menudo ha resultado en la formación de las pandillas mexicanas en el Este de Los Ángeles.

En muchos casos los mexicanos se vieron obligados a vivir en lugares a distancia de los barrios anglos. Con frecuencia esos lugares no tenían aceras, ni la infraestructura comunitaria que hay para los barrios anglos, ni tampoco las básicas como la electricidad y alcantarillado[33]. Los México-americanos se vieron obligados a vivir en esas condiciones sin la oportunidad de cambiarlas. Con frecuencia las pandillas se formaron por razones y motivos económicos[34]. Debido a la pobreza experimentada por la sociedad México-americana, el estrés y la frustración de una familia resultó a menudo en el crimen del sustentador principal de la familia y en divorcios. Es el efecto de la bola de nieve que desafortunadamente resulta en víctimas inocentes – los niños de las familias rotas.

En cuanto a los México-americanos estos problemas de muchas generaciones continúa hasta hoy en día y causan la formación de la identidad chicana, en particular para la gente de ese lugar. Entonces, el lugar y la historia de la gente chicana - en este largometraje - tienen importancia porque explican en varias situaciones el comportamiento y el odio por la sociedad anglo de Miklo.

---

[31] Vigil; 1988:3

[32] Vigil; 1988:4

[33] Vigil; 1988:16

[34] Vigil; 1988:17

La cortina musicales – La relación de La Onda

Se muestra el ambiente del largometraje con una música dramática, que es una mezcla de guitarra española con ritmos latinoamericanos y la guitarra eléctrica del rock. La mezcla indica la cultura principalmente mexicana pero con rastros de la cultura americana. Al principio de la película se presenta al ambiente cultural bastante mexicano, por ejemplo las festividades del Día de los Muertos están presentadas por la cortina musical.

La cortina musical tiene relación con La Onda Chicana, no *La Onda* conocida en la película como la mafia sino La Onda Chicana conocida como el movimiento fundado aproximadamente en 1970. El movimiento no tenía relación con la mafia mexicana. Era un movimiento desarrollado después de la masacre en Ciudad de México conocida como La Masacre de Tlatelolco[35]. La Onda Chicana era un estilo de música mexicana que estaba influida por la música rock de los EEUU y de Inglaterra de los 1950s y 1960s. Se puede reconocer esto en la cortina musical. El punto de interés no es el estilo de música específicamente sino lo que La Onda Chicana representó; enfocando en el repudio de la convención y el prejuicio, la búsqueda de una moralidad nueva y la objeción de los valores occidentales como lo perfecto y lo mejor. La Onda Chicano como *La Onda* se oponía contra las autoridades estales[36].

El movimiento estaba relacionado al movimiento de los estudiantes mexicanos que rechazaron al sistema político. Sus objetivos enfocaron, lo que es semejante a los objetivos de *La Onda* y de *La Familia/La eMe* de este periodo histórico, en la justicia social, el papel del estado y el sistema contra el individuo. Se rechazó las autoridades y se exigió democracia.

El tiempo

El período 1972-84. La historia está contada más o menos en orden cronológico. Hay pocas escenas retrospectivas como la de 3:30 hasta 4:10 minutos cuando experimentamos la relación entre Miklo y su padre.

---

[35] http://en.wikipedia.org/wiki/La_Onda. Taken on 9/25/14
[36] http://en.wikipedia.org/wiki/La_Onda. Taken on 9/25/14

Las temáticas

En realidad hay muchas temáticas como la actitud ante las autoridades, el racismo, el machismo, el narcotráfico y el abuso de las drogas, hermandad, las pandillas y la mafia, la lucha contra el crimen organizado, el sistema penal, la choloización, la vida en la cárcel y la familia directa y los parientes. Analizaré solamente algunos de los temas como he indicado arriba. Deliberadamente no me centro en las actividades criminales de las pandillas porque pienso que no es tan interesante como la motivación de un joven a ser parte de una pandilla. La motivación a menudo está basada en ser aceptado y reconocido como un individuo.

La estructura de la película

Se sigue el modelo analítico de Hollywood, o como se lo ha llamado in Dinamarca "Berettermodelen". Este modelo analítico tiene siete puntos. El primero es la Introducción del lugar a la cultura del este de Los Ángeles muy influida por la cultura mexicana. Vemos escenas del Día de los Muertos, una celebración mexicana, y vemos escenas que describen visualmente el barrio mexicano. Durante la introducción se introduce al protagonista principal, Miklo, y se presenta su vida, su familia directa y sus parientes. Obtenemos un conocimiento de su pasado y las relaciones familiares.

En la segunda parte se nos presenta a los tres primos Miklo, Paco y Cruz. Se nos introduce a los conflictos que son las luchas entre dos pandillas (Los Vatos Locos y Tres Puntos) y descubrimos un poquito más de los personas principales, el conflicto de identidad que tiene Miklo, y el problema de Miklo por ser aceptado en su comunidad.

En la tercera parte del modelo, que es la explicación profunda de los conflictos, a aproximadamente 27 minutos de la película, los verdaderos conflictos comienzan cuando los Vatos Locos y los Tres Puntos luchan por su honor, su territorio, y para mantener su machismo.

El punto de no retorno está en la cuarta parte de la película cuando Miklo durante la lucha entre los Vatos Locos y los Tres Puntos mata a *Spider*, el lidere de Tres Puntos, para vengarse en Cruz. Miklo y Paco son detenidos por la policía y están en una encrucijada. Paco opta por la marina pero Miklo ha violado su libertad condicional y vuelve a la cárcel. Esta vez Miklo está procesado como un adulto, por eso va a la cárcel de San Quintín.

Durante la quinta parte de la película, que trata del desarrollo de los conflictos, a aproximadamente 36 minutos de la película, Miklo llega a la cárcel de San Quintín. En esta parte aprendemos de la cultura de la cárcel, los conflictos/dilemas/dramas que tienen los presos chicanos entre otros y entre otras pandillas de la prisión y aprendemos del ambiente de la prisión. Los problemas de identidad de Miklo están descritos en detalle aquí cuando encuentra La Onda. En la escena (53:23-53:35) minutos Miklo realiza rápidamente lo que tiene que hacer para sobrevivir en este ambiente. Se puede decir que para Miklo es el punto de no retorno. Se nos presenta con el verdadero estilo de vida de la mafia, de sus actividades y sus comportamientos.

En la sexta parte de la película está el clímax y hay dos puntos importantes; el que trata de la encrucijada entre Paco y Miklo por segunda vez y el que trata de las luchas entre las diferentes pandillas en San Quintín. Aquí la culminación trata del poder de la cárcel entre las pandillas. Esta parte revela muchas cosas sorprendentes sobre Miklo, su verdadera personalidad y su desarrollo como persona y como mafioso.

El final de la película terminan los conflictos y una nueva etapa de las vidas de los protagonistas comienza.

Los conflictos

Uno de los conflictos es el de los chicanos versus el sistema "White". Miklo no se percibe a si mismo como caucásico. Por eso Miklo se posiciona como una víctima del sistema *"white"*. Este conflicto y tema aparece por ejemplo en la conversación arriba mencionada entre Miklo y Montana y reaparece continuamente entre Paco y Miklo. Para Miklo, Paco representa el sistema "white" y la injusticia porque ha optado por una carrera trabajando para la policía. La policía es el sistema, la autoridad, y esencialmente el obstáculo para mucha gente chicana para obtener igualdad en la sociedad. Entonces, cuando Montana dice *"White is the enemy"* Miklo se identifica con él. Para Miklo por un lado "White" es el obstáculo de su libertad aunque "White" fue lo que permite a Miklo obtener una educación, su GED[37], y por último lo que permite por segunda vez su libertad condicional. Entonces, se puede decir que de alguna manera Miklo tiene un dilema con el concepto de "White". Por un lado "White" es el enemigo, pero por otro lado es lo que controla a su libertad. Entonces. Miklo está forzado a aceptar las reglas del sistema "White" temporariamente.

Los conflictos en San Quintín entre las tres razas/pandillas esencialmente tratan de las luchas de poder y de justicia social. Se pinta La Onda como el vehículo para obtener la justicia social para los chicanos. El objetivo de Montana, cuando empieza a ganar dinero ilegalmente, es luchar por los derechos de los chicanos y pagar por los honorarios de los abogados (1:24:00-1:27:10) pero sin involucrarse en las actividades de narcotráfico. Montana piensa que el narcotráfico es el negocio de los anglos y los negros. Esta estipulación causa división entre Miklo y Montana porque Miklo reconoce el valor monetario del narcotráfico.

Momentos de Tensiones

Las tensiones entre las pandillas en San Quintín se intensifican debido a la lucha por el mercado del narcotráfico hasta la culminación, al final de la película. Durante esta parte uno de los momentos de shock es cuando se revela que Miklo, en realidad, está detrás del asesinato de Montana. Según el modelo de Hollywood los puntos de tensión y los momentos de shock son importantes para cautivar a la audiencia y para resolver los conflictos en una manera dramática.

---

[37] GED significa General Education Degree igual a un High School Degree.

El clímax

El clímax de los conflictos ocurre cuando San Quintín experimenta el gran disturbio haciendo referencia a "San Quintín 1973 Riot[38]" entre el BGA[39] y la Mafia Mexicana. La culminación de los eventos permite un nuevo capítulo a comenzar, lo que se ha llamado el desvanecimiento en el modelo analítico de Hollywood, o sea *Berettermodelen*.

Las Lemas

El título, *Blood In Blood Out (o Sangre por Sangre)* revela el lema de la mafia mexicana descrita en la película y que está relacionada a la verdadera mafia mexicana. Según el material empírico Theodore Davidson y Rene Enríquez explican varias reglas de la mafia mexicana y la manera en que uno debe comportarse. El título hace referencia a las reglas de la Mafia Mexicana, según Rene Enríquez, en las que la membrecía es por la vida (Blatchford. 2008:64). Davidson dice que en sus investigaciones de los presos chicanos en San Quintín la mafia, o sea *La Familia*, acepta si un miembro quiere retirarse de la Mafia aunque estipula que el miembro nunca vaya a testificar contra *La Familia*. Dice que "such an act would be certain "suicide"" (Davidson. 1974:87). En otras palabras se puede concluir que el lema *Blood In Blood Out* pues tienen una profunda significancia.

La escena (2:01:00-) de Paco y su colegio, habla de la foto famosa de La Onda. Paco explica la significación del lema *A todo madre u un desmadre*. Paco explica que La Onda significa tu destino y algo profundo que no se puede interrumpir o romper. *A Todo Madre* simboliza lo perfecto, la harmonía y el amor incondicional de una madre, es decir todo lo que se necesita para la buena vida, al contrario de *U un desmadre* que simboliza la soledad, siento indigente y en la desesperación. *U un desmadre* significa la destrucción total de un ser humano. Pace dice "In other words, you win it all or lose everything." La lema está relacionado muy profundo a la lema Sangre por Sangre.

---

[38] http://en.wikipedia.org/wiki/Prison_riot#1970s

[39] Black Guerilla Family is a gang with presence in San Quentin founded in 1966 based on the Marxism ideology. http://en.wikipedia.org/wiki/Black_Guerrilla_Family

Análisis de los protagonistas

Se puede decir que Paco representa la sociedad americana "White" mientras que Miklo representa la sociedad chicana. Cruz está en mitad de los dos. Usando las teorías de James Diego Vigil examinaré principalmente al protagonista principal, Miklo Velka, porque su comportamiento en particular está muy relacionado a tema de este trabajo enfocando en la construcción de la identidad de los presos chicanos y el machismo muy profundo de ese personaje. No obstante, un breve análisis de Paco y Cruz tiene relevancia también pues a través de los dos personajes se puede reconocer los contrastes con Miklo.

Miklo

La primera vez que encontramos a Miklo es 1:50 minutos hasta la película. Lo vemos como un joven feliz. Está listo para comenzar una nueva vida en su barrio. Está pintado físicamente como un caucásico. Al verlo nadie pensaría que es chicano pero realizamos que nos engaña pues también a través de su apariencia nos explica el dilema, los conflictos internos, de Miklo. Es un producto clásico de su ambiente con una madre chicana (Lupe) que tiene poco dinero, que recibe prestaciones sociales y otras indemnizaciones de las cortes para mantenerse a sí misma pero no a su hijo. Miklo sufre mucho por la negligencia de ambos padres. Realizamos (4 minutos) rápidamente que los padres de Miklo no están juntos. Hay resentimiento y descontento entre los padres que afectan emocionalmente a Miklo. Obviamente Lupe ha actuado con negligencia hacia su hijo por mucho tiempo. Según James Diego Vigil (Vigil. 1993:28-29) la negligencia hacia/para con los niños es un problema común en las familias chicanas de bajos ingresos. Muchas veces, como es el caso de Miklo, los delincuentes juveniles son de familias de madres solteras quien, como Lupe, reciben prestaciones sociales para mantener a su familia. Miklo está al final de su período de libertad condicional. Durante la escena con su madre Miklo le recuerda su 18 cumpleaños en seis días. Este anuncio es para Miklo muy importante porque cuando un joven cumple 18 años sus antecedentes penales van a ser expurgados y puede recomenzar su vida. Otra cosa es que cuando Miklo tenga 18 años ya será un hombre adulto y no solo un joven. Lupe no le entiende obviamente porque dice que es todavía su "chavalito", algo poco-masculino. Aunque Miklo le quiere, le falta no solo el amor de su madre sino también su aceptación y su reconocimiento. Para Miklo es importante ser aceptado como chicano y como hombre maduro pero Lupe no entiende la importancia de esto. Para Miklo ser chicano y ser macho es importantísimo, un tema repetitivo a través de la película. Su padre es caucásico pero toda su vida Miklo ha sentido el odio de su padre hacia los mexicanos. Lo vemos (3 minutos) cuando su padre con voz llena de odio dice *"Don't ever take the side of a Mexican over your father. You ungrateful little punk. I am the one who got you out of jail!*[40]*"* El padre habla de los mexicanos en una manera muy peyorativa cuando los llama *"wetbacks"*, un término muy negativo. Miklo, que se siente chicano, rechaza violentamente a su padre pegándole en la cabeza gritando que va a regresar *"home"* significando al Este de Los Ángeles, su barrio. Según Vigil (Vigil. 1993:23) la ausencia del padre es un factor grave en la crianza de un niño. Muchas veces en las familias chicanas con la ausencia de un padre, los niños experimentan intensamente el estrés de la madre y la inhabilidad para mantener a sus hijos. A menudo hay una tendencia hacia un comportamiento agresivo como es el caso de Miklo. Eventualmente durante la adolescencia los jóvenes buscan en las pandillas lo que les hace faltan en su infancia. Es una de las explicaciones de por qué algunos jóvenes optan por las pandillas.

Aunque Miklo parece caucásico sin duda se siente *"Brown on the inside"*, es decir chicano. Por ejemplo la escena con Miklo y Montana explica este concepto de *ser chicano* muy detallado (54:55-57:29); *ser chicano* trata de la unidad de una raza. *"White is the enemy. White is a system"* dice Montana indicando la desconfianza en las autoridades americanas que es característico de los chicanos. Miklo en esta escena explica que *ser chicano* no trata del color de la piel sino trata de su mentalidad y la manera en que una persona piensa, vive y *"si estás listo para morir por un carnal"* [mi traducción]. Creo que Baca ha elegido presentar a Miklo como un chicano rubio, y no una persona con piel moreno, porque quiere subrayar que el problema de identidad es más profundo que solo la piel de una persona. La identidad chicana pues está relacionado a lo interno, la cultura, el comportamiento y la manera en que una persona se posiciona y como el chicano está posicionado por lo demás.

Vigil explica que la tendencia de muchos jóvenes a buscar socialización en los barrios en lugar de la familia directa está relacionado al hecho de que las pandillas funcionan esencialmente como una figura materna sustitutiva. Esa sustitución materna sirve para el joven como marco de aceptación, sustento, educación y también es la figura de autoridad (Vigil. 1993:90-92). Miklo experimenta la pandilla como una sustitución materna particularmente la de La Onda. Su deseo por la pandilla comienza en su juventud. En la

---

" Nunca te pongas del lado de los mexicanos por encima de tu padre. Eres un malagradecido. Fui yo quien te sacó de la carcel!"[40] [mi traducción]

escena (18:00 minutos) donde Miklo finalmente es aceptado por Los Vatos Locos como un carnal recibiendo su tatuaje, bajo la superficie el concepto de hermandad (explicado en Anexo B) está introducido por primera vez. Uno de Los Vatos Locos dice *"hey, your blue eyes are turning brown, ese[41]"*. Otro comentario es el de Cruz que nombra a Miklo "carnal" y añade *"now you are home with us and defend the barrio"*. En otra palabra se acepta a Miklo en el grupo. Miklo responde casi gritando con excitación sonriendo *"Somos carnales hasta la muerte"*. La insinuación de *"hasta la muerte"* hace referencia al lema *Blood In Blood Out* aunque al principio no se lo realiza conscientemente.

El personaje de Miklo es muy estereotipado y característico, en cuanto a la edad generalmente en que los jóvenes a menudo se convierten a ser miembros de una pandilla, en particular los de los veteranos. Cuando Miklo obtiene membrecía tiene casi 18 años. Durante la película el personaje de Miklo se desarrolla gradualmente de un joven delincuente típico de los barrios chicanos hasta un veterano. Su apariencia y su actitud cambian gradualmente de lo suave hasta lo duro, al final del largometraje. Durante su maduración se desensibiliza mucho. En conclusión, considerando este hecho la teoría de Vigil (Vigil. 1998:99) puedo determinar que Miklo obviamente pertenece al grupo de los Regulares aunque Miklo nunca abandona su membrecía de Los Vatos Locos y después de La Onda. La última vez que vemos a Miklo es cuando Magic Mike lo llama "Jefe". Miklo ha obtenido la más alta posición de La Onda. Para Miklo su promesa es de por vida, *Sangre por Sangre*.

Se describe el personaje de Miklo más o menos exactamente como si el objetivo fuera crear a una persona que básicamente encarna el ser macho, semejante a Joe "Pegleg" Morgan. Es muy interesante que los realizadores de la película, cuando desarrollaron el personaje de Miklo, hicieron paralelos entre el personaje de Miklo y el de Joe "Pegleg" Morgan. Pocos elementos de la vida verdadera de Damián Chapa sirvieron para desarrollar a Miklo, quien es un estratega como era el caso de Joe "Pegleg" Morgan.

Paco

Se diferencia entre el personaje de Miklo y los de Paco y Cruz en la manera en que se los presenta. Miklo es el más extremo de los tres personajes al tiempo que Paco y Cruz son presentados más moderados, aunque todos, los tres, pintan la realidad de muchos jóvenes en

---

[41] "tus ojos azules se están haciendo cafés" [mi traducción]

el Este de Los Ángeles. Paco y Cruz son miembros de Los Vatos Locos pero su afiliación es más moderada que la de Miklo. Según la figura 1 en Anexo B Paco es miembro Temporal. Está involucrado en algunas situaciones violentas como en la escena donde Los Vatos Locos luchan con Tres Puntos (27:00-36:00). Típicamente los Temporales tienen una crianza relativamente estable. Paco vive con sus padres biológicos hasta que opta por la vida militar en lugar de la cárcel, después de la lucha arriba mencionada. Imagino que lo que Baca quiere decir presentar a Paco como un joven de una familia tradicional es que los jóvenes que crecen en una familia tradicional generalmente tienen una vida mejor en comparación de los que crecen sin padres. Se puede concluir también que Cruz tiene oportunidades buenas pero su afiliación, aun poca afiliación, con Los Vatos Loca, se preventa a realizar sus sueños – aunque vive con su padre biológico y su madrasta. Cuando Paco opta por la milicia él deja la pandilla; una acción característica de muchos jóvenes en la misma situación pues en conclusión, al contrario de Miklo, Paco ya no ha dejado la confianza en las autoridades. Este elemento en que Paco opta por la milicia puede ser relacionado al hermano de Jimmy Baca mismo quien se unió a los militares[42] también pero estoy suponiendo solamente. Hay dos situaciones en particular donde se puede ver el respeto que tiene Paco a sus padres. La primera es la manera en que Paco se comporta ante sus padres; siempre está fanfarroneado pero cuando sus padres lo reprenden Paco muestra, cada vez, respeto y humildad, sin embargo (6:40-7:17 y 9:10-9:56). La secunda vez es cuando fue detenido por la policía después de la persecución automovilística (33:00-35:50). En sus ojos se puede ver el miedo que tiene y también su conformidad y su obediencia a las autoridades. Miklo, al contrario, intenta resistir el arresto aunque no puede. Al contrario de Miklo, Paco tiene confianza en la policía para una sociedad justa y responsable. Entonces la lealtad a las autoridades para combatir el crimen y el narcotráfico es lo que divide a Paco y Miklo y son básicamente opuestos.

Cruz

Cruz es un miembro *Situacional*. Para él la pandilla es algo social, de solidaridad y de camaradería. No es una persona violenta y no exhibe comportamientos violentos o criminales. Cruz aspira a un futuro como artista plástico. Es la primera persona de su familia que ha obtenido educación formal y para él esto es lo más importante. Cruz se hace adicto a

---

[42] Baca, Jimmy Santiago. *A Place To Stand.* 2001:42

la heroína después del incidente que tuvo con la pandilla de Los Tres Puntos, que lo dejó gravemente herido. Su adicción la justifica, el dolor y la fuga. En cierta manera esa adicción lo lleva al fracaso. Antes de la muerte de su hermano menor, Juanito, exhibe respeto hacia sus padres y las autoridades como se puede ver en dos escenas; en la primera escena, por ejemplo exhibe respeto a su padre (9:25-9:29) cuando su padre reprende a Paco y en la segunda escena, su respeto se manifiesta cuando los tres primos se encuentran con la policía (12:20-14:00). Otro contraste de Miklo es que Cruz sufre por la muerte de su hermano menor, está arrepentido de sus errores, en particular el mal ejemplo que pudo dar a Juanito. Su pena se internaliza, al contrario de Miklo que proyecta su pena y siempre opta por la venganza en lugar de pedir perdón por sus errores. Según Vigil los Situacionales *"gravitate to the more recreational and social habits"*. Como Cruz le gusta el festejo, conducir carros exóticos, las chicanas, distraerse con sus amigos, etc. En situaciones normales evita comportamientos violentos y destructivos aunque honra su "palabra" con sus "carnales". Para los situacionales, como los otros tipos de miembros, el carnalísimo tiene importancia pero no les gusta el comportamiento criminal al contrario de los Regulares como Miklo quien es muy propenso a las actividades ilegales. Cruz se convierte en un adicto a la heroína después del incidente, un problema muy común de muchos chicanos de bajos recursos económicos[43]. En conclusión creo que se puede decir que Miklo representa lo inhumano, Paco la justicia social y el orden, y Cruz representa lo humano.

Perspectiva

La última vez que se muestra a Miklo, él ha ascendido en su organización y planifica ¿cómo *La Onda* concretamente va a expandir sus operaciones? El "Hollywood Happy Ending" no ocurre en el sentido tradicional porque Miklo sigue siendo el líder de *La Onda*. Para obtener un "final feliz al estilo Hollywood" Miklo tendría que arrepentirse, cambiar y resolver sus problemas con Paco. Eso significaría, convertirse en un miembro de la sociedad "white" es decir obtener una educación, un trabajo respetable y aceptar las normas y los valores americanos. Paco y Cruz, por otro lado, se reúnen y parece que van a recomenzar su relación. Sin embargo, desde la perspectiva de una pandilla creo que *La Onda* ha obtenido éxito

---

[43] Cholo, o choloización, es una termina cultural explicado en Anexo B y en el parte de Choloización arriba.

posicionándose sobre las otras pandillas y contra las autoridades como una organización poderosa, determinando el objetivo de un futuro para *La Onda*. Se puede hacer una comparación paralela del final de la película con la historia de la verdadera mafia mexicana que se ha establecido como una organización tan poderosa que aún los esfuerzos conjuntos de las autoridades México-americanas han logrado diezmar. Cada vez que las autoridades detienen a algunos miembros otros se incorporan y la organización continúa sus operaciones y es tristemente exitosa. Entonces, se puede decir que la mafia está aquí para quedarse, algo que a lo mejor vamos a ver en la séquela Blood In Blood Out 2 cierto día.

Conclusión

En conclusión la razón de que algunos jóvenes chicanos opten por las pandillas es para satisfacer la necesidad básica humana; el amor de una madre. Las pandillas funcionan como sustitución materna al mismo nivel de lealtad. Por eso dejar la pandilla no es fácil. En cuanto a *La Onda* y a la verdadera mafia mexicana dejarla es muy difícil y peligroso porque la membrecía es de por vida, *Sangre por Sangre* (Blatchford. 2008:64). Es semejante a las dificultades para un individuo separarse o divorciarse de su madre o su hermano de sangre. Es más o menos imposible algo que vemos en la escena con Paco y Miklo después de que Paco tira a Miklo (2:02:25-2:04:30). La pena emocional para ambos primos es profunda. Percibo la película como una llamada de atención a dos cosas; primero, la problemática de las pandillas y el crimen organizado en los barrios el Este de Los Ángeles. Segundo, la marginación de los chicanos que tratan de hallar su propia cultura en medio de un sistema que los excluye. Estas dos cosas generan muchas veces todo tipo de problemas sociales. No creo que la película ofrezca una solución concreta al problema pero la película absolutamente crea conciencia de un problema de nuestra sociedad que merece más atención por la comunidad americana que ahora recibe.

Agradecimientos

Gracias a Theodore Davidson por su contribución and sus clarificaciones. En una larga y muy informativa conversación de teléfono con Davidson en el abril de 2014 tuve la oportunidad hablar con él directamente sobre sus investigaciones aunque más de cuarenta años han pasado desde él entró por la primera vez en San Quentin. Aprecio de veras que me llamó para discutir su trabajo. Ningún persona podría repetir precisamente sus investigaciones por muchas razones. No solo sería imposible regresar al 1966 aún al 1972 para hacer investigaciones específicamente de los presos chicanos en San Quentin sino a me era también imposible visitar a esa prisión si le me aceptó (estoy segura que nunca va a aceptar me recuesta).

Además, doy las gracias a Jimmy Santiago Baca por su tiempo y ayuda de mi trabajo. Obtener percepción del antecedente de Jimmy y hacer paralelos con esto con sus objetivos de *Blood In Blood Out* era invaluable. También, gracias a Damian Chapa por su asistencia.

Además, me gustaría dar las profundas gracias a mis profesores Claudio Cifuentes-Aldunate, Anne Magnussen, y Uwe Kjær Nissen. Sin ellos mi proyecto sería más duro a hacer. Aprecio mucho sus comentarios que me ayudaron quedar enfocada en mi tema. Mis profesores son la razón y mi inspiración para continuar mis estudios obtener mi Maestría a la Universidad de Dinamarca Sur (University of Southern Denmark) en los estudios de Español y Latino America. También me gustaría dar las gracias a Dagny Pedersen por su trabajo duro. Es una ayuda increíble. Y doy las gracias a Virginia Hvid por su introducción de los estudios de comunicación intercultural – un clase invaluable en mis estudios de los conflictos culturales. Al final, gracias a Marcelo Ramón por sus clases de la historia introduciendo la historia de Latino America en una manera muy interesante y apasionada. Sus clases y los de Anne Magnussen tenían un rol en mi decisión escribir mi tesis bachillerato.

Ultimo pero no menos importante, gracias a mi madre, Hanne Skjødt, por tu apoyo y siempre creer en me. Y a mi muy buena amiga quien me dio las básicas cuando empecé mis estudios de español, Julia Kej. A mi buena amiga, Viviana Vinueza, por las correcciones de pruebas al final del proyecto y por sus comentarios. Gracias a Jason Schmitt para cuidar a mis hijos cuando yo estaba trabajando. Y muchas gracias a mis hijos bonitos por su entendimiento que ese proyecto a me era muy importante – Nicholas, Olivia y Zachary les amo más de lo que sabéis.

Gracias a mis amigos y mi familia por su apoyo durante ese periodo en que a veces yo estaba un poquito ausente, aquí incluido son – y lo siento si hay personas quien he olvidado mencionar - Lau–a Guinn, Patricia Melo, Lone y Per Rasmussen, Birgit Nielsen y Ebbe Larsen, y mi niñera Daniella Nazario. También gracias a Diane y Adrian Campo. Gracias a todos.

Bibliografía

Baca, Jimmy Santiago. *A Place To Stand.* 2001.

Baca, Jimmy Santiago. Entrevista el 20 de octubre de 2014.

Blatchford, Chris. *The Black Hand.* 2008. HarperCollins e-books.

Blood In Blood Out. Wikipedia.org http://en.wikipedia.org/wiki/Blood_In_Blood_Out tomado el 9 de abril de 2014.

Chapa, Damian. Entrevista el 15 de septiembre de 2014.

Davidson, Ted. *Chicano Prisoner: The Key To San Quentín*. 1974.

Davidson, Ted. *Danger and Trust: San Quentín , the Mexican Mafia and the Chicano Movement.* 2010. iUniverse, Bloomington, IN, USA. Udgave 1.

Edward James Olmos. Director: Olmos, Edward James. *American Me.* 1992. Universal Pictures. http://es.wikipedia.org/wiki/Edward_James_Olmos tomado la última vez el 26 de octubre de 2014

Filmcentralen. http://filmcentralen.dk/gymnasiet/filmsprog tomado el 9 de abril de 2014.

Gangland – Code of Conduct. 2013. http://www.youtube.com/watch?v=yJn1zbaOoRE Tomado el 3 de abril de 2014.

Hackford, Taylor and Baca, Jimmy Santiago. 1993. *Blood In Blood Out.* Buena Vista Pictures. Film.

Kvale, Steinar. *InterViews – An Introduction to Qualitative Research Interviewing.* 1996. Sage Publications, Inc. USA. ISBN 0-8039-5820-X

La Onda. http://en.wikipedia.org/wiki/La_Onda. Tomado el 25 de septiembre de 2014.

Machismo. http://es.wikipedia.org/wiki/Machismo tomado el 15 de octubre de 2014.

MSNBC program. *San Quentín* . http://www.youtube.com/watch?v=khaCA4EowEQ Tomado el 3 de abril de 2014.

National Geographic Documentary. http://www.youtube.com/watch?v=D1EyAdwz974 Tomado el 3 de abril de 2014.

National Geographic Documentary. *San Quentín Unlocked.* *http://www.youtube.com/watch? v=335DkOTMuTM* Published May, 2013. Tomado el 3 de abril de 2014.

Seiji. Entrevista el 30 de septiembre de 2014.

Taylor Hackford. Director: Hackford, Taylor. *Sangre por Sangre.* 1993. Buena Vista Pictures. http://es.wikipedia.org/wiki/Taylor_Hackford tomado la última vez el 26 de octubre de 2014.

Vigil, James Diego. *Barrio Gangs – Street Life and Identiry in Southern California.* 1988, 4th printing in 1993. University of Texas Press. Austin, TX, USA Printed book ISBN: 0-292-77613-6.

Anexo

Para entender la diferencia entre miembros como Miklo y miembros como Cruz tenemos que entender la clasificación de James D. Vigil de las clasificaciones de los miembros de las pandillas; En sus investigaciones Vigil determinó que las pandillas chicanas consisten principalmente de varones entre 13 y 25 años (Vigil. 1993:2). Vigil ha dividido los varones en grupos depende al nivel de su afiliación de la pandilla. Primero tenemos el grupo de los Regulares consistiendo de los varones entre 10-14 años cuando se convierten. Este grupo es el que es lo más violento y el que se identifica a lo más alto nivel con la pandilla. Es el grupo más serio se puede decir. En este grupo también hay muchos jóvenes quienes se convierten a ser adictos de las intoxicantes duras como la heroína. Un ejemplo de un miembro Regular de la realidad puede ser el ex miembro de la mafia mexicana, La eMe, llamado Rene Enríquez quien tenía sólo 16 años cuando empezó a abusar en serio heroína (Blatchford. 2008:42).

En segundo lugar hay el grupo de los Periféricos. Normalmente los varones de esto grupo se convierten a ser miembros durante la edad de 14-18 años. Todos están involucrado en comportamientos violentos y este grupo tiene sentimientos fuertes hasta la pandilla.

El tercero grupo es el de los Temporales quien a menudo están involucrado en algunos situaciones violentas pero a un nivel bajo los dos grupos anteriores. Los miembros de este grupo se identifican con la pandilla a un nivel marginal. Este grupo normalmente abandona a la pandilla más temprano de los otros dos grupos, entre la edad de 18-20 años comparando a 22+ años.

El cuarto grupo es el de los miembros Situacionales. Es decir, este grupo se convierte normalmente a ser miembros entre 14-18 años pero se identifica sólo un poco a la pandilla y abandona a la pandilla muy temprano entre la edad de 16-18 años. El último grupo casi nunca está involucrado en comportamientos violentos o en las actividades criminales (Vigil. 1993:99).

Caracteristica tipica	Los Regulares	Los Perifericos	Los Temporales	Los Situacionales
Edad cuando se convierte	10-14	14-18	14-18	14-18
Edad cuando deja las pandillas	22+	20+	18-20	16-20
Involucrado en violencia	Todos	Todos	Algunos	Casi ninguno
Comportamientos criminales en juventud	La mayoría	Muchos	Algunos	Casi ninguno
Identificación con la pandilla	Profundo	Fuerte	Maginal	Maginal

Recurso: James Diego Vigil. 1998

Carnal/Carnalísimo : Un carnal es como un hermano íntimo no en el sentido de sexual sino en el sentido de la lealtad y de la confianza de un amigo. Un carnal siempre está listo para defenderte y como Miklo explica en la escena hablando con Montana un carnal está listo matar por su carnal.

Chicano: Se distingue entre chicano versus mexicano americano. El último término refiere solamente a la etnicidad pero el primero hace referencia a lo cultural, la historia de los mexicanos en EEUU, al machismo, la etnicidad y la mentalidad.

Presos vs. Convictos: Theodore Davidson distingue entre los presos versus los convictos. En la película se refiere a la protagonista como un convicto. Un preso es un término general significando un prisionero al tiempo que un convicto tiene asociaciones a un prisionero de una mentalidad especifica como la de un miembro de la pandilla mexicana. Este tipo de prisionero es muy leal, confiable y nunca va a chivarse a sus amigos, o sea en esta película sus carnales. Según la película y Theodore Davidson un convicto no es una rata, o sea un infórmate.

Cholo/chola/choloización es un término que describe una subcultura chicana. Reflecta un estilo especifico de la roba, la lengua usando spanglish con frecuencia, los gestos, el grafiti y los tatuajes. Para los cholos festejo significa estar junto con sus amigos, tomando bebidos alcohólicos y abusando las drogas. Abusan con frecuencia no sólo las intoxicantes como marihuana y anfetamina sino también intoxicantes duras como la heroína (Vigil. 1993:120).

1. Un miembro no puede ser homosexual.
2. Un miembro no puede ser un soplón o un denunciador, o sea una rata.
3. Un miembro no puede ser un cobarde.
4. Un miembro no puede alzar la mano a otro miembro sin sanciones.
5. Un miembro no puede irrespetar a la familia de ningún miembro, incluso tener sexo con la esposa o la novia de otro miembro.
6. Un miembro no puede robar a otro miembro.
7. Un miembro no puede interferir con los negocios de otro miembro.
8. Un miembro no puede 'politica' contra otro miembro o causar disensión entre la organización.
9. Afiliación es por la vida.
10. Es obligatorio asaltar/matar a todos los desertores.
11. La eMe tiene el primer lugar – ni siguiera tu propia familia.

---

[44] Tomado del libro de Chris Blatchford llamado *The Black Hand*. 1993.

CON GRIN SU CONOCIMIENTOS VALEN MAS

- Publicamos su trabajo académico,
  tesis y tesina

- Su propio eBook y libro - en todos
  los comercios importantes del mundo

- Cada venta le sale rentable

Ahora suba en www.GRIN.com
y publique gratis